Linebacker Chris Hanburger

Linebacker **Ryan Kerrigan**

CAMPEONES DEL SUPER BOWL

LOS WASHINGTON COMMANDERS

MICHAEL E. GOODMAN

CREATIVE SPORTS

CREATIVE EDUCATION / CREATIVE PAPERBACKS

Publicado por Creative Education y Creative Paperbacks
P.O. Box 227, Mankato, Minnesota 56002
Creative Education y Creative Paperbacks son marcas editoriales de The Creative Company
www.thecreativecompany.us

Diseño y producción de Blue Design (www.bluedes.com)
Dirección de arte de Rita Marshall
Traducción de TRAVOD, www.travod.com

Fotografías de Alamy (Cal Sport Media, Tribune Content Agency LLC), AP Images (ASSOCIATED PRESS, NFL Photos), Getty Images (Bernstein Associates, Bruce Bennett Studios, Rob Carr, Mark Cunningham, Focus On Sport, Al Messerschmidt, NFL/WireImage.com, The Washington Post), Newscom (Roy K. Miller/Icon Sportswire, Shane Roper), Unsplash.com (Bob Bowie)

Library of Congress Cataloging-in-Publication Data
Names: Goodman, Michael E., author.
Title: Los Washington Commanders / By Michael E. Goodman.
Other titles: Washington Commanders. Spanish & English
Description: Mankato, Minnesota : Amicus, [2023] | Series: Creative sports: campeones del Super Bowl | Includes index. | Audience: Ages 7 | Audience: Grades 2-3 |
Identifiers: LCCN 2021055361 (print) | LCCN 2021055362 (ebook) | ISBN 9781640266667 (library binding) | ISBN 9781682772225 (paperback) | ISBN 9781640008076 (ebook)
Subjects: LCSH: Washington Commanders—Juvenile literature. | Washington Redskins (Football team)—Juvenile literature.
Classification: LCC GV956.W3 G66 2023 | DDC 796.332/6409753—dc23
LC record available at https://lccn.loc.gov/2021055361
LC ebook record available at https://lccn.loc.gov/2021055362

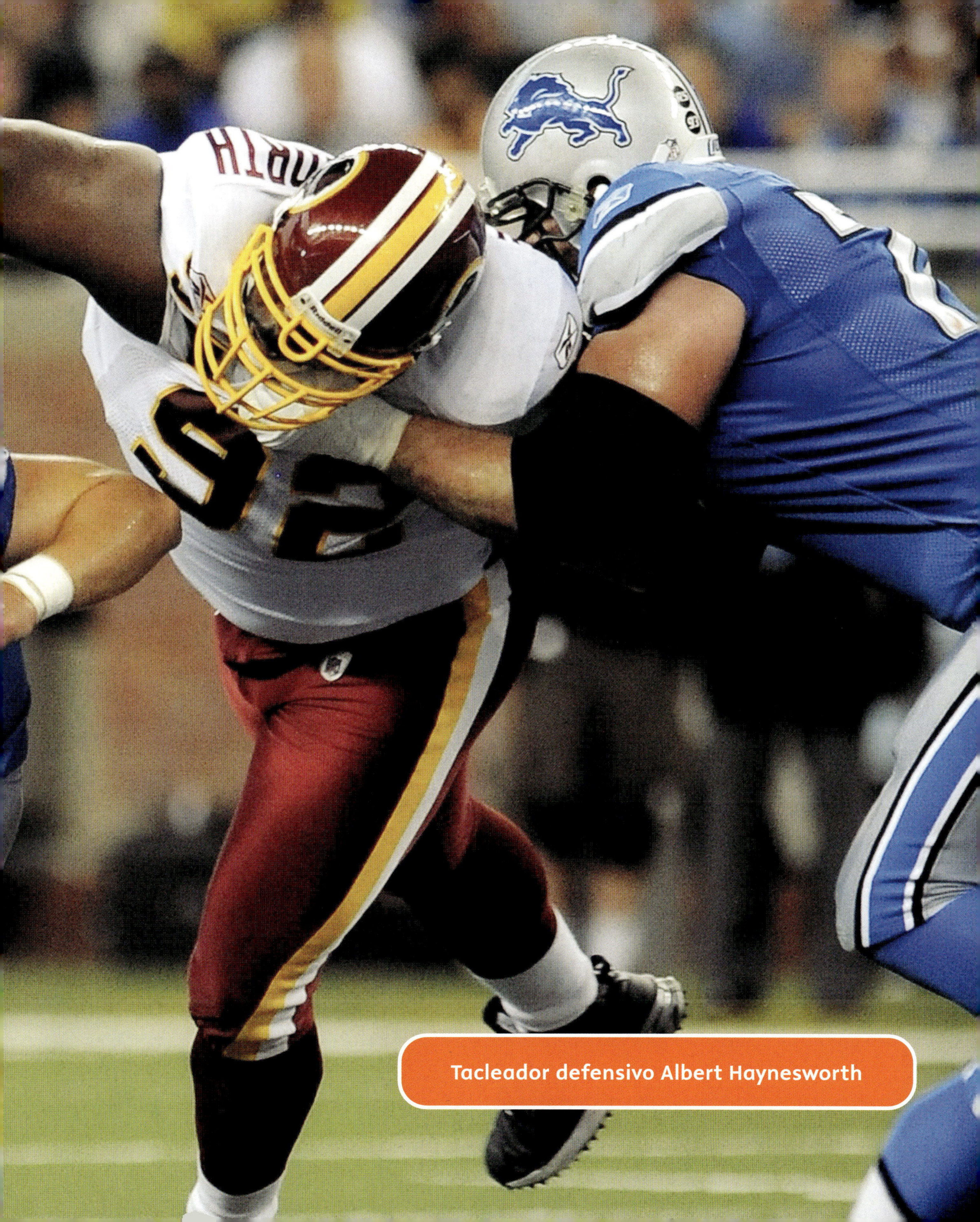

Tacleador defensivo Albert Haynesworth

Gardia Brandon Scherff

CONTENIDO

Hogar de los Commanders

Washington D.C. es la **capital** de los Estados Unidos. Su tamaño es pequeño, pero tiene una historia importante. Los Washington Commanders también tienen una larga historia. En otoño, los aficionados llenan el estadio FedExField para animar a su equipo.

Los Commanders son parte de la Liga Nacional de Futbol Americano (NFL). Uno de sus **rivales** son los Dallas Cowboys. Todos los equipos de la NFL intentan ganar el Super Bowl. El ganador es el campeón de la liga.

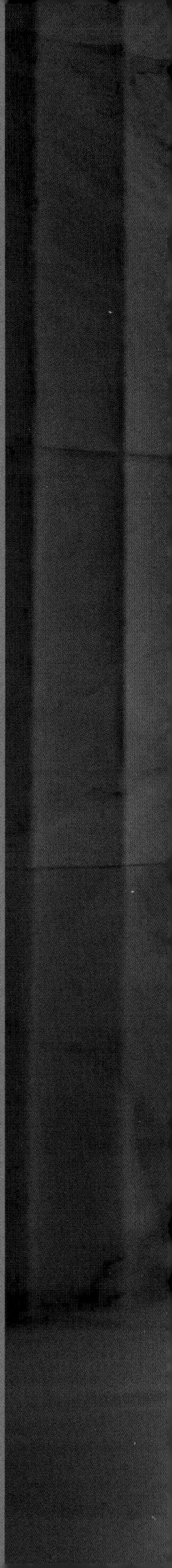

Quarterback **Sammy Baugh**

Historia inicial de los Commanders

El equipo comenzó a jugar en 1932 en Boston. Se llamaba los Braves. Un año después, el propietario cambió el nombre a Redskins o Pieles Rojas. En 1937, trasladó el club a Washington, D.C. En su primer año, el *quarterback* estrella Sammy Baugh llevó a Washington a ganar un título de la NFL.

Quarterback Sonny Jurgensen

Washington ganó un segundo campeonato en 1942. Estuvo cerca de volver a ganar en 1943 y 1945. Después de eso, el equipo tuvo muchas temporadas perdederas. Pero los aficionados vitoreaban por el *quarterback* de brazo fuerte Sonny Jurgensen y el *linebacker* firme Sam Huff.

El entrenador George Allen asumió el cargo en 1971. Consiguió que el equipo volviera a ganar. Washington llegó a las **eliminatorias** seis veces en siete años. El *quarterback* Billy Kilmer dirigió la ofensiva, es decir, a los jugadores que anotan puntos. El *linebacker* Jack Pardee y el profundo Richie Petitbon fueron estrellas en **defensa**.

Tres "Súper" victorias

Washington ganó el Super Bowl por primera vez en 1983. Venció a los Miami Dolphins, por 27–17. El corredor poderoso corredor John Riggins realizó una larga carrera para anotar un **touchdown**. Los enormes bloqueadores del equipo eran conocidos como "los Cerdos". Ellos despejaban el camino para que Riggins anotara.

Corredor John Riggins (#4)

Quarterback **Doug Williams**

Washington también ganó los Super Bowl luego de las temporadas de 1987 y 1991. En el Super Bowl XXII (22), iba perdiendo contra los Denver Broncos. Luego, el *quarterback* alto Doug Williams lanzó cuatro pases para touchdown. Washington impidió que Denver anotara más puntos. El equipo aplastó a los Broncos, por 42-10.

Otras estrellas de los Commanders

Washington ha tenido muchos jugadores que supieron presionar a los *quarterbacks* perfectamente. En la década de 1980, Dexter Manley y Charles Mann eran difíciles de bloquear. En la década de 2010, el veloz *linebacker* Ryan Kerrigan acumuló muchas **capturas** de *quarterbacks*.

Ala cerrada Jordan Reed

Tacleador Jonathan Allen

En 2020, los Redskins decidieron cambiar su nombre. Les tomó 18 meses en elegir. ¡En 2022, anunciaron que ahora eran los Washington Commanders! Eligieron un título militar porque en Washington D.C. se encuentran todas las ramas militares.

Jonathan Allen y Logan Thomas son dos de las estrellas del equipo. Son parte de una defensa fuerte y talentosa. Los aficionados esperan que la velocidad y las habilidades del equipo los conduzcan pronto a otro título.

Acerca de los Commanders

Comenzaron a jugar: En 1932

Conferencia/división: Conferencia Nacional, División Este

Colores del equipo: bermellón y dorado

Estadio: FedExField

VICTORIAS EN EL SUPER BOWL:

XVII, 30 de enero de 1983, 27-17 contra los Miami Dolphins

XXII, 31 de enero de 1988, 42-10 contra los Denver Broncos

XXVI, 26 de enero de 1992, 37-24 contra los Buffalo Bills

Sitio web de los Washington Commanders: www.commanders.com

Glosario

capital — la ciudad donde los líderes se reúnen para dirigir un estado o país

capturas — tacleadas a un *quarterback* que está tratando de lanzar un pase

defensa — los jugadores que intentan evitar que el otro equipo anote

eliminatorias — juegos que llevan a cabo los mejores equipos después de una temporada para ver quién será el campeón

rivales — equipos que juegan extra duro unos contra otros

touchdown — una jugada en la que un jugador lleva el balón o lo atrapa en la zona de anotación del otro equipo para anotar seis puntos

Esquinero Josh Norman

Índice